En mi comunidad

Mi casa en la Ciudad

UN LIBRO DE EL SEMILLERO DE CRABTREE

De Miranda Kelly
y
Pablo de la Vega

CRABTREE
PUBLISHING COMPANY
WWW.CRABTREEBOOKS.COM

Mi casa está en la **ciudad**.
¿Qué podemos hacer?

Podemos jugar en el **parque**.

Podemos ir al **zoológico**.

Mi ciudad es grande.
A veces es **ruidosa**.

Mi mamá se asegura de que
nunca me pierda entre
la **multitud**.

Mi casa está en la ciudad.
Caminamos a la tienda.

Almorzamos en una banca. Podemos hacer muchas cosas más.

Visitemos a mis **amigos**.
Viven en la casa de al lado.

Después de la escuela
es un buen momento
para reunirnos.

Amo mi casa
en la ciudad.

Glosario

amigos: Los amigos son las personas con las que te gusta pasar el tiempo.

ciudad: Una ciudad es un lugar donde la gente vive y trabaja. Una ciudad es más grande que un pueblo.

multitud: Una multitud es un grupo grande de personas.

parque: Un parque es un lugar con árboles y bancas. Algunos parques tienen juegos.

ruidosa: Cuando algo es ruidoso, produce muchos sonidos. Una ciudad es ruidosa.

zoológico: Un zoológico es un lugar donde hay animales cautivos para que la gente los pueda ver.

Índice analítico

Apoyos de la escuela a los hogares para cuidadores y maestros

Los libros de El Semillero de Crabtree ayudan a los niños a crecer al permitirles practicar la lectura. Las siguientes son algunas preguntas de guía que ayudan a los lectores a construir sus habilidades de comprensión. Algunas posibles respuestas están incluidas.

Antes de leer

- ¿De qué piensas que tratará este libro? Pienso que este libro trata sobre una casa en la ciudad.

- ¿Qué quiero aprender sobre este tema? Quiero aprender qué actividades hace la gente en una ciudad.

Durante la lectura

- Me pregunto por qué... Me pregunto por qué las ciudades son ruidosas. ¿De dónde vienen tantos sonidos?

- ¿Qué he aprendido hasta ahora? Aprendí que la gente que vive en las ciudades puede jugar en el parque o ir al zoológico.

Después de leer

- ¿Qué detalles aprendí de este tema? Aprendí que mucha gente camina de un lugar a otro en las ciudades.

- Lee el libro de nuevo y busca las palabras del vocabulario. Veo la palabra **_multitud_** en la página 10 y la palabra **_amigos_** en la página 16. Las demás palabras del vocabulario están en las páginas 22 y 23.

Library and Archives Canada Cataloging-in-Publication Data

Title: Mi casa en la ciudad / de Miranda Kelly y Pablo de la Vega.
Other titles: My home in the city. Spanish
Names: Kelly, Miranda, 1990- author. | Vega, Pablo de la, translator.
Description: Series statement: En mi comunidad | Translation of: My home in the city. | Translated by Pablo de la Vega. | "Un libro de el semillero de Crabtree". | Includes index. | Text in Spanish.
Identifiers: Canadiana (print) 20210100826 | Canadiana (ebook) 20210100834 |
  ISBN 9781427131331 (hardcover) |
  ISBN 9781427131430 (softcover) |
  ISBN 9781427135179 (read-along ebook)
Subjects: LCSH: City and town life—Juvenile literature.
Classification: LCC HT152 .K4518 2021 | DDC j307.76—dc23

Library of Congress Cataloging-in-Publication Data

Available at the Library of Congress

Crabtree Publishing Company

www.crabtreebooks.com   1-800-387-7650
e-book ISBN 978-1-949354-60-7
Print book version produced jointly with Crabtree Publishing Company NY, USA

Written by Miranda Kelly
Production coordinator and Prepress technician: Ken Wright
Print coordinator: Katherine Berti
Translation to Spanish: Pablo de la Vega
Edition in Spanish: Base Tres

U.S.A./022021/CG20201215

Photo Credits: cover and page 5 © Shutterstock.com /Cultura Motion; cover illustration of frog © Shutterstock.com/ languste; page 3 © Shutterstock.com /tbmnk; page 7 © Shutterstock.com /Phovoir; page 9 © Shutterstock.com /Sergey Gerashchenko; page 15 istock.com/ MNStudio; page 11 © Shutterstock.com /Svetlana Foote; page 13 © Shutterstock.com /spetenfia; page 17 © Shutterstock.com /Tomsickova Tatyana; page 17 © Shutterstock.com /Matt Jeppson; page 19 ©istock.com/ monkeybusinessimages; page 21 ©istock.com/ Stock Photos | Lifestyles; page 23 ©shutterstock.com/ FamVeld.

Published in Canada	Published in the United States	Published in the United Kingdom	Published in Australia
Crabtree Publishing	Crabtree Publishing	Crabtree Publishing	Crabtree Publishing
616 Welland Ave.	347 Fifth Ave.	Maritime House	Unit 3 – 5
St. Catharines, ON	Suite 1402-145	Basin Road North, Hove	Currumbin Court
L2M 5V6	New York, NY 10016	BN41 1WR	Capalaba QLD 4157